目录

Q1

上幼儿园后情绪多，怎么办？

父母给孩子足够多的

陪伴时间和爱，

就是给孩子最大的礼物。

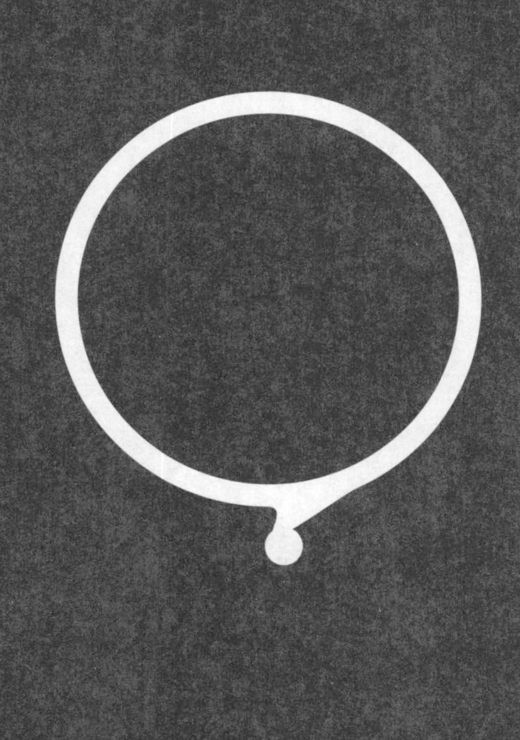

孩子上幼儿园以后不适应，情绪多，怎么办？

孩子上幼儿园以后情绪特别多，关于这个问题，我收到过很多妈妈的留言。

有些妈妈说，孩子在家里非常活泼开朗，可是在幼儿园不爱说话，不愿意和小朋友交往，幼儿园举办的活动也不愿意参加。

还有一些妈妈说，孩子在家里很平和，跟家人相处得也很好，可是在幼儿园会打其他小朋友，特别容易发脾气。

也有一些妈妈说，不知道为什么，孩子回到家之后，对于幼儿园的事情避而不谈，不像别人家的孩子，回到家就会叽叽喳喳主动跟父母讲在幼儿园的各种见闻，虽然父母未必能听明白。

还有一个妈妈说，她的孩子放学回到家会拼命吃东西，不知道为什么要吃那么多。

如果孩子上幼儿园之前没有这些情况，上幼儿园之后非常明显地出现了这些情况，说明现在孩子内心确实增加了很多情绪，而且这些情绪很可能是因为去幼儿园引发的。那么，为什么去幼儿园会引发这么多情绪呢？基本上是出于两大原因。

孩子产生了分离焦虑

孩子在0~3岁的时候，在心理上和他的重要他人——通常是妈妈——会有一种共生的感觉，孩子认为自己和妈妈在心理上是同一个人。在身体上，从孩子出生后剪断脐带开始，孩子跟妈妈就是两个独立的个体。可是在心理上，要经过至少三年时间，孩子才能意识到“原来我和妈妈是独立的两个人”。理论上来说，孩子一般在三岁前后才能独立，和他的重要他人分离。要做到这一点，孩子需要在三岁之前大量地吸收安全感。

如何给孩子足够的安全感呢？主要包括三个方面：

○ 妈妈的情绪稳定。

○ 父母关系融洽，给孩子的感受是非常稳定的，而不是经常吵架，甚至要离婚。

○ 父母或者其他重要他人，愿意给孩子足够的选择权，让孩子为自己的事情负责任。比如，孩子能够自己吃饭、喝水、收拾玩具、整理书本或者其他东西。简单来说，就是孩子能够自己做的，都要让孩子自己做。如果家长总是为了快点做完，习惯性地代替孩子去做，而孩子什么都不会做，那么孩子对自己是没有安全感的。

以上三个方面如果都能做到，一般来说，孩子大概在三岁就能有足够的安全感，这种安全感可以让孩子在心理上独立自主，能够跟妈妈分离。

也正是在这个阶段，孩子开始经历人生中的第一次重大分离事件——离开家去上幼儿园，独自在外面待一整天。一个有足够安全感的孩子，面对这样的分离，虽然会难过，但是不会痛苦，更不会觉得“我要崩溃了”。虽然觉得难过，甚至会哭一会儿，但是新鲜的环境、新奇的玩

具，会让孩子觉得兴奋，逐渐将难过抛诸脑后。

而那些安全感不足的孩子，面对这种分离会非常焦虑，觉得很痛苦，甚至觉得“天要塌下来了”，因为他感觉是硬生生地和重要他人分开、撕裂了，因而产生了很多情绪，外在可能表现为不说话，或者打人，或者放学一回到家就吃很多东西以作安慰。

如何判断孩子的安全感是否足够呢？一般来说，如果孩子过了一个月，还不能适应幼儿园的生活，比如父母离开幼儿园之后，孩子一直哭，超过30分钟，甚至超过一个小时，这种情况延续超过一个月的时间，就说明孩子的安全感还不足以让他去幼儿园。

很多孩子在两三岁时，就被送去上幼儿园，这样的年龄安全感往往是不足的，会产生很多分离焦虑。父母不能因为自己忙，无暇照看孩子，就强行把孩子送去幼儿园。一定要等到孩子有了足够的安全感，能够承担这样的分离焦虑，再送孩子去幼儿园。如果孩子需要，甚至可以让孩子在家里多待一年，在这一年里多多陪伴孩子，准备好去面对幼儿园的生活。

总之，孩子产生很多情绪的首要原因，就是安全感不足，他无法面对分离焦虑所造成的痛苦，所以父母要想办法让孩子有安全感，千万不要因为孩子有情绪就打骂孩子，否则情况会越来越糟。

孩子面对压力时不知如何应对

当孩子要面对很多新的东西，而且是他完全不了解的，就可能会产生心理压力。在幼儿园会遇到很多小朋友，有各种各样的性格，老师也是陌生的大人，这些和孩子在家里的情况是完全不同的。当孩子遇到了新的人、新的要求、新的相处方式时，就会有压力，因而产生一些情绪。

当新环境中有太多的不确定性，而孩子又不知道如何去应对时，父母可以做什么呢？在家里，可以和孩子做一些角色对换、角色扮演和场景模拟的游戏。

刚去上幼儿园的孩子，一般是三四岁，这个年龄的孩子通常不知道如何把自己经历的事情很清楚地告诉爸爸妈妈，当被问到幼儿园里的情况时，孩子不是不想说，而是

没办法说清楚。因此可以通过角色对换、角色扮演和场景模拟的方法，来推测孩子在幼儿园里的情况。

比如角色对换，可以跟孩子一起玩游戏，让孩子扮演老师，父母扮演小朋友，模拟一些可能会发生的场景，比如父母扮演小朋友说“老师，我很害怕”“我来到这里，没有人和我玩”，或者“老师，有一个小朋友，他常常打我，我要怎么办呢”，看看孩子的反应。这种角色对换的方法，对那些很难说清楚问题的孩子特别有帮助。除了角色对换，还可以进行角色扮演，比如可以让孩子扮演机器猫，用孩子熟悉的动画角色来对话。这样孩子就比较容易把幼儿园里的情况展示出来。父母可以通过这样的角色扮演教导孩子怎么说、怎么做，帮孩子在家里做一些训练。当孩子学会面对陌生的人、应对陌生的事情时，就不会有那么大的压力，也就不会有那么多情绪了。

最后，要提醒父母的一点是，当孩子对你表达他的情绪时，你能做的最直接的帮助就是接纳孩子。比如可以对孩子说：“孩子，我看到了，你很生气，告诉妈妈发生了什么事？”当孩子有情绪时，父母自己尽量不要有情绪，而要让孩子能够安心把自己的情况说出来，然后教导孩子

应该怎么说、怎么做。

一般来说，如果孩子的分离焦虑是因为缺乏安全感，那就需要补足孩子的安全感，这可能要花比较多的时间，必要时可以先暂停去幼儿园，多多陪伴孩子。如果孩子是因为面对新环境产生了很大压力，因为有压力而产生情绪，那么可以用角色对换、角色扮演和场景模拟的方法，帮助孩子学会处理新情况。

来不及上卫生间而弄脏裤子，怎么办？

有一位妈妈，儿子6岁了，有一次在教室里午休，来不及去卫生间，就把大便拉到了裤子里。当时同班同学有些私下议论，但是老师和家长都采用了比较温和、低调的态度来处理，希望事情能够顺利过去。可是在随后的几天里，孩子总是出现不能及时上卫生间、把大便拉到裤子里的情况，妈妈就忍不住开始批评孩子。那么这种情况应该怎样处理呢？

妈妈首先要去关注的是：当孩子出现以前没有而现在突然出现的行为，到底是什么原因？在这个案例中，妈妈需要考虑这是生理原因还是心理原因。

生理上出现了问题，比如肠胃不太好导致急性腹泻，那么孩子有便意的时候是来不及去卫生间的。如果排除了生理原因，那就可能是心理上的原因。

心理上会有什么原因呢？

有些孩子，特别是性格比较敏感的孩子，会用身体自然的方法来舒放情绪，也就是让身体一下子紧张起来，然后一下子放松。比如，有些孩子情绪很紧张时，我们会教导孩子先把手抓得很紧，让整个肌肉都很紧绷，然后再一点一点慢慢地放松。在这一紧一松中，孩子的情绪会得到舒放。这种方法其实并不能从根本上处理情绪，但是能帮助孩子把身体里的情绪和能量舒放出来。因此，一些非常敏感的孩子，有时候会表现出偏差行为，最严重的就是自残，通过自残让身体的肌肉先紧张再舒放。

但是也有一些孩子，会用比较温和的方法去舒放情绪，比如憋大便。孩子在憋到不能再憋的时候，把它一下子舒放出来，身体就得到了一紧一松的机会，这也是一种让身体舒放情绪的方法。如果孩子在生活中出现上述情况，妈妈要注意观察孩子，他在生活中一定是有情绪的，此时可以引导孩子用一些比较健康的方式把情绪舒放出来。

以案例中的孩子为例，最简单的一个方法，就是让他画一幅画。给孩子一个非常简单的题目，比如“我的家”“我的学校”“我喜欢的玩具”“我最喜欢的人”等，让孩子随意乱画，不用很复杂。

比如让孩子画人、树、房子，等孩子画完了，妈妈可以尝试跟孩子对话。

妈妈：“孩子，我看到你先画的是树，这棵树在这里有多久了？”

孩子：“这棵树嘛，已经在这里有七年了。”

妈妈：“这棵树在这里七年了，那这棵树应该认识这个房子里的人。它认识这个房子里的人吗？”

孩子：“认识啊！”

妈妈：“他们是谁呢？”

妈妈：“爸爸、妈妈、哥哥，还有一个妹妹。”

妈妈：“这棵树最喜欢家里面的哪个人？”

孩子：“最喜欢的就是妈妈。”

妈妈：“为什么喜欢妈妈呢？”

孩子：“妈妈会唱歌，还把孩子照顾得很好，妈妈煮的饭很好吃。”

妈妈：“哦！原来妈妈这么好！那这个妈妈会讲故事给孩子听吗？”

孩子：“会。”

妈妈：“她最喜欢讲的是哪个故事？”

孩子可以通过诸如此类的一问一答，把情绪舒放出来。当他再有便意时，就会赶紧去卫生间，而不会一直到憋不住时才去。

另一方面，妈妈可以告诉孩子：“你有便意的时候，一定要赶快去卫生间。如果是在幼儿园，你要跟老师说，现在有便意，需要去卫生间。如果是在午休时，一旦有便意，千万不要等，马上就去卫生间。”

有时孩子真的来不及去卫生间，会弄脏裤子，那么父母需要提前准备一个干净的袋子，装一条备用的裤子和一条小毛巾。然后教导孩子，如果真的来不及去卫生间，应当如何处理：第一步，先把弄脏的裤子脱下来，然后把自己擦干净，擦拭的毛巾可以放在提前准备好的袋子里。第二步，用水冲洗脏的裤子，把裤子大致洗一下，拧干后放进袋子里。第三步，换上备用的干净裤子，把袋子带回

家。这个过程中如果需要老师提供帮助，家长一定要特别跟老师道谢。

总结一下

孩子只要不是因为肠胃不好，有便意来不及去卫生间，一般情况下是没有问题的。如果孩子是因为情绪导致拉裤子中，那么家长首先要接纳，态度一定要平和，然后教导孩子怎样处理自己遇到的麻烦。

孩子常常啃指甲，怎么办？

很多小孩，包括上幼儿园和上小学的孩子，常常会有一种现象：啃指甲。

有一位妈妈，女儿今年4岁，从小都是妈妈自己带的，一直母乳喂养到两岁。一般来说，这个孩子的安全感应该是足够的。小时候她从来不啃指甲，可是自从三岁上了幼儿园之后，就经常啃手指甲，两只手都啃得红通通的，甚至会流血。问她为什么啃指甲，孩子说不出来原因。妈妈说，孩子在幼儿园里吃饭挑食，午睡时不容易独自睡，因为在家里睡觉都是有妈妈陪着的。由于这些事情她总是受到老师的批评，因而害怕老师。妈妈特别希

望孩子能改掉啃指甲的坏习惯，但是不知道该怎么做。

其实这个问题，是没有办法头痛医头、脚痛医脚的。

由于很多小孩子都会啃指甲，所以催生了各种各样的方法，以帮助孩子改掉啃指甲的习惯。比如网上销售的一种药水，涂在孩子的指甲上，药水的味道非常苦或非常辣，就会促使孩子不再啃指甲。

这个方法有效吗？有一位妈妈真的试过这个方法，短期来看好像是有效的，孩子不再啃指甲了。可是你知道后来发生了什么事情吗？这个孩子出现了面部抽动症，面部的肌肉会不由自主地抽动。表面上这个妈妈帮孩子改掉了啃指甲的毛病，但是因为没有了解孩子啃指甲的真正原因，只是简单地头痛医头、脚痛医脚，所以即便改了啃指甲的毛病，孩子内在的情绪还是会通过其他方式表现出来，孩子会不断出现其他毛病。只有消除了根本原因，孩子才能够安心。

一般来说，孩子之所以常常啃指甲，是因为他的心里非常焦虑。和孩子自残、自虐，损伤自己的身体不一样，啃指甲的孩子，虽然原因是各种各样的，但这个行为表达的都是同一种情绪，就是孩子非常非常焦虑。

当孩子焦虑时，身体会很不舒服，进而用生理回馈法来缓解焦虑。所谓“生理回馈法”，就是让身体感觉到危险，通过自我损伤的方法让身体紧张，然后再让身体放松，这时就能大量地舒放情绪。对小孩来说，当他觉得非常焦虑，又没有办法通过语言表达出来，父母又没有看出他十分焦虑的时候，最常用的方法就是啃指甲。

那么孩子为什么会这么焦虑呢？最重要的原因，是孩子觉得自己不够好。焦虑其实就是一个自我的问题，焦虑的潜台词就是“我不够好”。一个孩子越自信，焦虑就越少；越是感觉紧张、觉得自己不够好，就会越焦虑。

孩子四五岁时，很关心的就是：我是一个怎样的孩子？我够好吗？我可爱吗？我聪明吗？……孩子对自我充满了焦虑，也充满了好奇。孩子主要的自我评价，不是由他自己，而完全是由他的重要他人，也就是自己之外的其他人的评价决定的。

所以，当孩子进入幼儿园时，幼儿园的老师相对来说也是他的一个重要他人——通常孩子越小，越容易把老师当成重要他人。父母常常会听到孩子说，老师说这个，老师说那个……如果无法达到老师的要求，孩子就会觉得自己非常糟糕。

案例中的这个女孩，焦虑的主要原因是被老师批评，当她在幼儿园里因为挑食或者不能独自睡而被批评时，就会对自我充满焦虑，觉得自己很糟糕，但是她又没有办法马上改变自己的习惯。这种情况下，我的建议是，妈妈可以针对孩子的焦虑做一点工作，告诉孩子："不要紧，孩子，妈妈能够接受你，你什么问题都没有，你只是需要一点时间去适应和学习。"

针对孩子挑食，妈妈不要说"你就改了吧"。因为这么小的孩子，你单纯跟她讲要怎样改变习惯，她是做不到的。她需要有一个过程，在这个过程里，要让孩子能够接受自己，并且尝试去改变。而在孩子尝试时，要告诉孩子："就算你还没有做到，你一样是很好的孩子；你一点问题都没有，只是需要一点时间。"

如果孩子啃指甲啃得都流血了，妈妈就需要去跟老师

谈谈，告诉老师孩子焦虑的情况，请老师不要批评她，并且告诉孩子："不要紧，孩子，你可以有多一点时间，慢慢地你一定可以做到。老师很喜欢你，觉得你是一个很好的孩子。"老师这些话对孩子的帮助也是很大的。

另外一个建议，就是当孩子很焦虑时，要帮助他找到舒放焦虑的方法，比如每天放学回家后画一幅画，画完以后，问孩子关于这幅画的一些问题。

在实践中，用这样的方法确实帮助了很多啃指甲的孩子，很多孩子一周后就能够不啃指甲了。

总结一下

对于啃指甲的问题，可以从两方面入手：

第一，要跟老师合作，与老师沟通孩子的焦虑问题，请老师给孩子肯定、赞美、认同。对于孩子还不能够做到的事，要告诉孩子："你一点问题都没有，你是个很好的孩子，只是需要一点时间。"

第二，可以跟孩子一起唱歌、讲故事、画画……帮助孩子舒放焦虑的情绪。

在幼儿园总是大声喊叫，怎么办？

有一位妈妈，儿子快6岁了，在上幼儿园大班，最近在学校里总是会啊啊啊地大叫很长时间，喊完以后还会咬自己的手指，在家里也会这样，爷爷奶奶的心脏都受不了了。孩子的语言表达能力不是很好，没办法清楚地叙述事情，所以父母问来问去也问不出什么，怎么安慰他都没有效果，弄得家人心烦意乱。这到底该怎么办呢？

前面提到，孩子之所以会啃指甲，一个重要的原因是他很焦虑，至于焦虑的起因可能有很多。情绪能够产生能量，可以通过表达将其舒放出来。至于表达的方式，可以用说、写或者画。下面就来谈谈怎样用语言来舒放情绪。

舒放情绪，最重要的是通过一种间接方法把内在的情绪能量释放出来，它不在于说了什么，也不在于能否用语言描述真实的情况。对于案例中这个语言表达能力不强的孩子，可以尝试讲故事或者故事接龙。

第一天，可以先讲个故事。

妈妈可以说：“孩子，今天妈妈讲一个故事给你听，然后你要把这个故事讲给妈妈听。”故事可以针对孩子可能在幼儿园遇到的问题，通过孩子那些不是很完整的语言去猜测所发生的事，把它变成一个小故事。故事的主题可以是：被朋友欺负了怎么办？被同学嘲笑了怎么办？被老师责骂了怎么办？习题不会做，学习跟不上怎么办？在班上被冤枉了怎么办？诸如此类，编成一个小故事，讲给孩子听。

“从前班上有一个小孩子——来，孩子，你想给他取什么名字？”如果孩子说“小明”，那就接着讲：“好，我们就给这个孩子取名叫小明。小明是一个什么样的孩子呢？哦，小明是一个非常善良又活泼开朗的孩子。班上还有一个小孩，有时候不喜欢小明。这个小孩的名字，我们要给他取什么名字？”孩子给他取了个名字叫“小黄”，

然后妈妈继续讲：“好，小黄有一天故意把小明正在看的故事书抢走，不还给小明。对此，你有什么看法？你对小明这个孩子有什么看法？你对小黄这个孩子又有什么看法？班上的老师和其他同学又有什么看法？……”针对故事，预设一些问题，跟孩子交流，引导孩子表达。

第二天，可以玩故事接龙的游戏。

第二天，通过玩故事接龙的游戏，复述前一天妈妈讲过的故事。所谓故事接龙，就是妈妈讲一句、孩子讲一句。比如妈妈先开始讲“从前班上有一个小孩子”，然后让孩子讲，这样一人讲一句，把前一天的故事讲完。第三天继续讲故事，可以重复前一天讲的故事，也可以接下去讲后来可能会发生的故事。

讲故事的重点，并非要猜测孩子遇到的事，而是让孩子舒放情绪。所讲的故事只要和情绪相关，比如孩子觉得委屈、悲伤，或者其他情况，他自然而然会在你一句、我一句的故事里，间接地把自己的经历加进原有情节里。当孩子有机会通过故事讲出自己的情绪感受，并且一次又一次重复时，他的情绪自然而然就能得到舒放了。

特别是对那些没办法把真实情况说清楚的孩子，创建一个这样的故事场景，不管孩子讲的是否跟真实发生的情况相同，通过这种互动表达，孩子能够把情绪舒放出来，同时也锻炼了语言能力，孩子能够越来越清楚地向父母表达真实发生的情况，父母也会知道如何应对。

转校之后
更加内向害羞，
怎么办？

有一位妈妈，女儿5岁半，去年转学到了新的幼儿园。在之前的幼儿园，孩子就不爱说话，不爱和小朋友玩，属于敏感慢热型。到了新的幼儿园以后更是如此，不愿意回答老师的问题，以前还参加过班里组织的汇报表演等活动，现在连早操也不愿意做了。

妈妈跟孩子谈及此事时，孩子就说自己不好意思做这做那，怕自己做不好。孩子经常会说，自己做的好多事情都不如别人，其实妈妈认为她可以做得很好。孩子回家之后会去练习运动会的项目，看得出来她是喜欢运动的，可是到了幼儿园，她就不好意思参加练习了。另外，孩子从来不主动和别人

打招呼。妈妈觉得她其实什么都懂，就是克服不了自己的心理。妈妈自认为属于和善的家长，陪伴孩子也比较多，现在幼儿园的老师也很和善。

妈妈想知道，孩子为什么羞涩胆小呢？应该怎么引导孩子克服害羞心理呢？

第一个原因，这个孩子天生的气质很可能是偏冷静和忧郁型。

这样的孩子通常在学校里无法像乐天型、激进型孩子那样很快融入新环境中。他们需要更多的安全感，所以每到一个新地方，就会花很多时间来观察新环境，观察其他小朋友怎么互动，观察老师怎么对待小孩……必须等到他们觉得自己明白了，确信周围的人没有伤害性，才能慢慢地、一点一点地融入新环境，跟小朋友玩，在课堂上回答老师的问题……因此，父母要允许孩子相信自己的感觉，等孩子感觉安全为止。

案例中的小女孩，情况还是很好的，父母、老师都特

别和善，不太会去强迫或者责骂孩子，对于这种比较敏感且慢热的孩子来说，只需要静待花开。

第二个原因，可能是不会太快投入感情。

这个孩子在之前的幼儿园虽然不爱说话，但是还会参加一些集体活动，为什么现在到了新的幼儿园就更加安静、害羞、谨慎小心，而不愿意参与任何活动呢？可能还有一个原因，就是不会轻易地投入感情。这类孩子如果投入感情，一般会投入得比较深。

这个孩子三岁多时进入了一个幼儿园，四岁半时转到了现在的幼儿园，有过这样的一次经历，可能她就不愿意投入太多感情了。因为对一个敏感慢热的孩子来说，她对之前的幼儿园是有感情的，当她必须转幼儿园时，虽然出于性格原因她没有说出来，但内心对以前的小朋友、老师、环境会特别留恋。所以到了新幼儿园，她担心会再次经历分离的悲伤，可能就不会太快投入感情。因此父母尽可能不要让孩子频繁更换幼儿园。

第三个原因，可能是这个孩子确实很在意自己的表现。

妈妈说对于现在幼儿园举办的各种活动，孩子会害怕

自己做得不够好而不愿参加。也许是因为她换了一家教育水平更高的幼儿园，通过观察，她觉得其他小朋友懂得的比她多，所以害怕自己比不上别人。

四五岁的孩子，会自然而然地拿自己跟别人比较，这种比较最主要的并不是“我要比别人更好”，而是要确保“我和别人一样好”。所以父母可以反复告诉孩子：“你是足够好的”“你和别人是一样好的”“你一点问题都没有”。如此，孩子慢慢就能收到一个信息：“跟别人比，我一点都不差，也许我没有更好，但我是一样好的。”

父母给孩子足够多的陪伴和爱，就已经给了这个孩子最大的礼物。这类孩子特别需要的就是慈爱的父母、和善的老师，当她内心感觉已经足够安全时，自然而然就会越来越放开自己。

Q2

不愿意上学，怎么办？

如果妈妈一直情绪平和、

父母的关系一直稳定，

父母允许孩子自由发挥、选择，

在这种环境里成长的孩子，

去上学是不会有什么问题的。

孩子不想上学，怎么办？

孩子不愿意上学，是非常受关注的一个话题。有很多资深的老师、校长，都曾提到这种现象。近年来，有很多孩子，包括高中、初中、小学，甚至幼儿园的孩子，常常会说不想上学，这在过去是比较少见的。我们在研究和探讨中，发现原因可能是各种各样的。不管孩子有什么问题，为什么会产生这个问题，结果都可能是跟父母说“我不要去上学”，好像不去上学成了他们解决问题的唯一途径。

一般来讲，孩子不想去上学，可能的原因有以下三种。

第一，可能是孩子在学校里，遇到了很多人际关系上的挫折。

比如，孩子在学校里经常被欺负，或者因为交不到朋友而觉得自己不受欢迎，又或者无法面对老师的批评。这

类问题和孩子的人际关系有关。孩子没有办法处理好自己面对的情况——比如某个好朋友突然不想跟他做朋友了，或者是别人的嘲笑、拒绝——于是孩子就不想去上学了。的确，对孩子来说，面对这种人际关系上的拒绝和挫败感，是一件非常痛苦的事情。

第二，可能是孩子觉得无法从学校里得到任何成就感，也就是说，在大多科目的学习中遇到了挫折。

比如说，孩子觉得在学习上比不过别人，或者没办法跟得上进度，甚至遭到批评和指责，批评和指责可能来自老师，也可能来自父母，又或者是被其他孩子嘲笑。当孩子觉得自己在学习方面跟不上时，就会觉得每天去学校是非常痛苦的一件事情。

第三，可能是因为孩子来自家里的心理营养不足。

心理营养不足的孩子，特别容易累积负面情绪。所以他们到学校之后，相比其他孩子更容易愤怒和悲伤，也更容易焦虑和自卑。当孩子有很多负面情绪时，抗压能力、抗挫折能力都是特别弱的。孩子忍受不了时就会说“我不要去上学”，不去上学就变成孩子逃避问题的一个方法。

在这三类比较深层的原因之外，还可能有一些比较直接的原因——孩子面对生活中的一些挫折却不能处理时，会说“我不要去上学”。比如爸爸要离开家去很远的地方工作，孩子一下子接受不了，也没有办法阻止爸爸离开家，情绪失落时也会说“不要去上学”。

除此之外，还有一个最基本的原因，就是孩子的安全感不足。孩子刚上幼儿园时，往往特别不愿意去幼儿园，有些孩子甚至会哭得好像天要塌了似的。孩子为什么会出现这么大的反应呢？年龄小的孩子，是比较简单和直接的，有这么大的反应是因为孩子有了分离焦虑。他要离开自己熟悉的家，离开熟悉的人——爸爸妈妈、爷爷奶奶、外公外婆，去陌生的幼儿园，那里的建筑、老师、小朋友，都是孩子所不熟悉的。

在面对陌生的人和事物时，最主要考验的就是孩子的安全感。所以我常建议，孩子三岁后再去幼儿园。因为从四个月到三岁这个阶段，是孩子在家里吸收安全感最重要的阶段。

那么，这个阶段的安全感从哪里来呢？

来源一：妈妈的稳定情绪。

妈妈要情绪稳定，尽量用比较温和的语气表达自己的情绪。如果生气了，妈妈可以简单地告诉孩子："你这样做，妈妈是不高兴的"，或者"妈妈生气了"。特别是在孩子三岁之前，妈妈要尽量用温和的语气跟孩子说话，不要对孩子吼叫、批评、责骂。因为这些带着负面情绪的语言，很容易吓到三岁之前的孩子，从而导致他没有办法吸收安全感。孩子有了足够的安全感，才能和父母家人分离，放心地探索那些他还不了解的人、事、物，带着好奇、冒险精神，去面对陌生的人和陌生的环境。

来源二：父母的关系融洽。

父母之间可以有争吵，但不能有互相伤害的语言或者暴力行为。父母之间可以有不同的意见，可以有冲突，但是要给孩子传递一个信息——父母不会因为这样的争吵就分开。因为孩子最害怕的就是父母说要离婚，这会让孩子非常没有安全感。我们回想一下，自己小时候看到父母大声吵架时感觉是怎样的？第一感觉一定是害怕。如果父母天天争吵，孩子不可能有安全感。

来源三：孩子的独立自主。

孩子三岁之前，在确保安全的情况下，父母要允许孩子去自由探索，允许孩子为自己所做的事负责。哪怕是把玩具从一个地方拿到另一个地方，哪怕是简单地给自己穿衣服、鞋子。孩子能够做到的事情，只要他愿意去做，就要让他自己去做，甚至可以鼓励孩子去做一些原来没有做过的事情。可以让孩子为自己生活的很多方面负责，包括吃饭、喝水、洗澡、管理自己的物品，以及照看植物或小动物等。在做这些事情的过程中，孩子能够形成对陌生的人、事、物适当的好奇心和冒险精神。

如果妈妈一直情绪平和，父母的关系一直稳定，父母允许孩子在安全的环境里自由发挥、选择，在这种环境里成长的孩子，去上幼儿园是不会有什么问题的。即便刚开始需要适应，一般两个星期之后，孩子就可以快快乐乐地去幼儿园了。

孩子不想去幼儿园，最主要的原因是分离焦虑，最好的办法就是在三岁之前，尽量把安全感的心理营养给足。如果孩子已经有了去幼儿园的分离焦虑问题，那就从今天、从现在开始，给孩子补足安全感的心理营养。

孩子突然不愿意上幼儿园，怎么办？

有一位妈妈，儿子马上6岁了，读幼儿园大班。以前大部分时间都是奶奶接送，因为妈妈要上班，不过妈妈有时间时也会送孩子。之前孩子上学算是很乖的。最近奶奶不在家，妈妈自己带孩子已经一个月了，刚开始的两天还好，过了几天以后，孩子就不愿意去幼儿园了，被送到幼儿园时一直说“我要妈妈”。无论妈妈说什么，孩子根本就听不进去，每天都要哭闹一番。这种情况该怎么办呢？

这个孩子原来上学是没有什么问题的，去幼儿园也很乖。那为什么最近会出现不断哭闹要找妈妈的情况呢？就是因为他的奶奶最近不在家。看起来，奶奶应该是孩子

的重要他人，而奶奶不在身边已经有一个月的时间，孩子心里觉得害怕，也就是有了分离焦虑。无论奶奶是否是孩子最重要的重要他人，当孩子发现奶奶很长时间都不回家时，不管是什么原因，孩子内在的感觉就是奶奶不见了，然后就产生了很多分离焦虑。孩子觉得痛苦和害怕，因为他没有办法真正理解，为什么一个重要的人就这么不见了，所以孩子就去抓紧另外一个重要他人——妈妈。

原本去幼儿园对孩子来说是没有什么问题的，但现在奶奶不在家引发了分离焦虑，所以孩子很害怕去幼儿园时妈妈也不见了。其实他的哭闹主要是表达内心的恐惧，害怕奶奶不见之后妈妈也不见了。

无论怎么向孩子解释奶奶离开的原因，其实孩子都是没办法真正理解的，因为孩子是通过自己的感受来理解世界的。现在唯一能够做的，就是妈妈调整自己的工作时间，争取更多的时间在家陪伴孩子，在奶奶离开孩子的这段时间里，确保妈妈一定是在家的，并且让孩子产生这种确信——妈妈不会离开，妈妈一定会陪在他身边。

在这段适应期，要让孩子适应奶奶不在家的日子，妈妈一定要多多陪伴孩子。尽量不要给孩子讲道理：“哎

呀，你必须上学啊，上学是每个孩子必须做的……”可以反复安慰孩子“妈妈一定在”，也可以告诉孩子“你去幼儿园，是帮了妈妈一个大忙，让妈妈能够安心去工作，妈妈一定是在的，你回到家就能看到妈妈了”。在家时多跟孩子在一起，多去拥抱他。当孩子哭闹时，不要急着讲太多的道理，可以只是拥抱他，抚摸他的背，平和地安慰孩子。这样做对孩子来说更加有效。

孩子害怕分离，不愿上幼儿园，怎么办？

有一位妈妈，有两个孩子，儿子五岁，女儿三岁。儿子一岁多时，曾经和妈妈有过一年的分离，回到这个家后就出现了一些问题。儿子现在最大的问题，就是常常会说他不要谁了，他想要杀死谁，特别是当他的一些行为被制止或要求被拒绝时，他想要做的事情不能够如意时，就会说“不要妈妈了”或者“要杀死妈妈”之类的话。

另一方面，妈妈能够感受到儿子对妹妹的爱，同时还有嫉妒和敌意，比如儿子会用很大的声音来吓唬妹妹，当妹妹表现出害怕时，儿子好像更来劲了。最初，妈妈会对儿子的这些偏差行为进行一些控制，发现无效时也尝试去改变方法。妈妈还发现

儿子不守规则，比如每天去幼儿园接他的时候，他会故意不出来，要三催四请才愿意跟妈妈回家。如果妈妈对他的话反应慢了，儿子就会发火甚至非常愤怒，即便情绪好也会说不要上幼儿园。

对此，妈妈非常难过，不肯原谅自己，也不原谅老公和他的家人。

简单来说，妈妈对现在的儿子是难以接纳的；同时，妈妈很内疚，怀疑是因为之前有一整年的时间儿子没有和妈妈在一起，因而造成了今天的局面。

妈妈的怀疑是有理论依据的，孩子在一岁半最需要安全感的时候，和妈妈分离了大约一年的时间，对于特别敏感的孩子来说，他会认为这是一种抛弃。处于被抛弃的感受里，孩子却没有办法向父母表达他的害怕。他会害怕到什么程度呢？有些孩子会把被抛弃当成面对死亡一样的恐惧和痛苦。成人不会有这样的想法，小孩子却真的会有这样的感受。

当孩子回到这个家时，内心还是非常不安定，常常会害怕，不知道什么时候又会被父母抛弃，而孩子非常不愿意、非常害怕再次面对这种情况。所以，妈妈没来接他回家时，他会一直盼着妈妈把他带回家；但是当妈妈真的要带他回家时，他又会拒绝，表现出“我不需要你，我不要跟你回家”的样子，其实真正的原因是孩子受不了再一次面对分离。此时妈妈需要用心体会，看到孩子的内心，给予更多的接纳。接受孩子这样的表现，然后跟他说：“孩子，跟我回家，妈妈很爱你。”这样反复跟孩子表达，过一段时间，孩子发现妈妈真的没有再次抛弃他，就能够再一次信任妈妈。

另外，这个孩子之所以会对妹妹有这样一种表现，是因为他确实嫉妒妹妹，他可能认为妈妈爱妹妹比爱他多一些。所以，建议这位妈妈每天一定要花一些时间（至少半个小时）单独跟儿子在一起，一定要给他一对一的、专注的个人时间。妈妈可以带儿子出去散步，拉着他的手，或者给他讲故事，或者倾听他说话，让儿子完全享受和妈妈在一起的感觉。

这是为了让孩子慢慢地体会：妈妈很重视你，妈妈很

爱你，妈妈愿意跟你单独在一起，而且妈妈无论如何都不会再离开你。从现在开始，至少花六个月的时间，与孩子这样相处，孩子的问题一定会减少。

妈妈要切记，不要打骂孩子，也不要用批判、指责的语言对待孩子。孩子内心已经在怀疑父母对他的爱了，如果父母再大声指责或者打骂孩子，肯定会让他以为父母一点都不爱他。只要了解孩子的内心世界，体会到他的心情，然后对症下药，很快就会看到孩子的转变。

孩子升入初中后不愿意上学，怎么办？

有一位爸爸，儿子13岁了，倒不是不愿意去学校，只是不愿意学习，而且脾气见长。据爸爸说，儿子从小就活泼开朗，特别喜欢分享，当众讲话也很出色，上小学时成绩不错，小学升初中还考上了重点中学的重点班。可是自从上了初中，儿子就不愿意学习了，在班上成绩倒数，脾气也变得特别暴躁。在外面跟任何人只要一言不合就发脾气、讲粗话、攻击别人；在家里更是这样，还动不动就摔东西、大声吼叫。孩子现在的状况不仅让爸爸头疼，孩子自己也头疼，那么该怎样引导这个孩子呢？

很明显，这个孩子是在升入初中后发生改变的，他改

变的原因是什么呢？基本包括两个方面。

一方面是因为孩子13岁了，男孩子到了这个年龄变化非常大。在生理上，男孩比女孩长得更快，需要更多的激素去帮助身体塑造新的肌肉，在短时间里需要进行大量的新陈代谢，从而快速长高。而一个人的激素，既要用来帮助进行新陈代谢，也要帮着平衡情绪。所以，当男孩到了青春期时，大量的激素需要先去照顾他的生理需求，让他长得高、长得壮，因而没有足够的激素来帮助平衡情绪。所以，男孩子在青春期特别容易烦躁。

同时，孩子的第二性征开始发育，开始感受到性的刺激和需要，这种性的感觉有时也会引发孩子很多的情绪。实际上孩子在这个年龄对自己的身体是不够了解的。孩子虽然不懂，但他的身体感受却是真实的，这会带给他很多的烦躁情绪，孩子可能真的不知道该怎么办，又不知道跟谁说。所以建议爸爸主动跟儿子交流在青春期所面对的各种性的困惑，告诉孩子身体的这些变化和感觉是正常的，是每个男孩都要经历的。如果孩子已经开始梦遗，要教导孩子怎样处理自己的梦遗。这样孩子就会收到一个信息：原来爸爸是愿意在这个方面和我交谈的。这样孩子就会很

安心，从而平静下来。

孩子到了青春期，会因为激素的影响而感到烦躁，父母需要去接纳而不是批评孩子，比如可以告诉他：“孩子，我看到了，你现在非常烦躁，刚才你好像很生气，很想跟别人打架，发生了什么事情？你可以跟爸爸或者妈妈谈谈。”这种接纳能帮助孩子顺利度过青春期。

另一方面，是因为孩子升入中学以后，进入重点中学的重点班。估计班上的每个孩子成绩都相当好。爸爸提到，孩子不愿意学习，甚至成绩倒数也好像很不在乎的样子。对于成绩落后，孩子不可能觉得无所谓，很有可能是在整个班成绩都很好的情况下，孩子觉得自己无法考到比较靠前的名次，充满了挫败感，因而非常烦躁。在小学时，孩子被公认为口才好、性格好、成绩好，现在到了重点中学，突然发现自己落后了，一定充满了挫败感。

对此，父母可以告诉孩子：“能够考上重点中学的重点班，这本身就表示你已经做得很好了，相信你能够一点一点进步。爸爸妈妈就在这里，可是我们不会主动介入你的生活，由你自己来决定是否需要我们的帮助，需要时告诉我们，我们永远都愿意帮助你。”只要孩子愿意用心努

力，一定会越来越好的，不要奢望很快就能考到好名次，每一次进步，都要为孩子鼓掌。

一般来讲，如果父母在这两个方面都能够有所关注，孩子就能顺利度过青春期。

孩子因被批评而不愿去幼儿园，怎么办？

有一位家长，孩子上幼儿园已经3个月了，因为被老师批评就不愿意去幼儿园。有几个同学的家长也反映过这类问题。怎样去调节孩子的这种情绪，怎样和老师沟通呢？

孩子去上学时常常会发现，老师的教育方法或者说话语气不像爸爸妈妈那样。父母首先要观察的是，这个老师是对全班的同学都这样，还是单单对自己家的孩子这样。

案例中这位家长说，几个同学的家长都反映孩子被老师批评，那这个老师可能对全班同学都是一样的。这就需

要评估一下，老师的语言是否非常有伤害性，如果是这样，就要去跟老师沟通："我的孩子被批评后不愿意上学，回到家里情绪特别低落、沮丧，特别爱发脾气……"把情况跟老师反映一下，然后要肯定老师的努力，比如说："相信老师是为了孩子好，为了教导孩子，可是孩子确实出现了这些情绪问题，所以老师是否能够做些什么。"

如果这个老师确实比较严厉，但是用语没有什么伤害性，而且对全班的小孩子都是这样，不是单单针对自己家孩子，那就需要教导自己的孩子了。因为即使换了别的班、别的幼儿园，很有可能会遇到同样的老师，总有一些老师性格比较温和，也总有一些老师会比较严厉。所以孩子要准备好去适应家以外的世界，学会适应不同风格的老师。

比如可以对孩子说："老师对所有的孩子都是这样，不是针对你的，和你自身的好坏一点关系都没有。可能老师心情不好，也有可能这就是他说话的方式。"或者教导孩子："老师和爸爸妈妈不一样，和爷爷奶奶不一样，和外公外婆也不一样，面对这样的老师，你可以……"这就

好比有的爸爸教育方法或者语气跟妈妈不一样，但不能因此让孩子跟爸爸对抗，可以教导孩子："爸爸的性格就是这样的，爸爸的语气也是这样的，他并不是恶意的，也不是不爱你，更不是针对你，只是他说话的方式跟妈妈不一样，因为我们是不同的人，你能够接纳爸爸妈妈是不一样的吗？"

让孩子明白，只要在班上做好自己该做的，老师虽然严厉，但并不是针对我自己的，就可以了。

另一方面，为了让孩子不害怕面对不同的小朋友、不同的老师，成功地适应幼儿园，父母也可以针对去幼儿园，给孩子一些肯定、赞美、认同。比如孩子已经上幼儿园三个月了，差不多快100天了，那么可以告诉他：到100天时，我们一起来做小小的庆祝。可以给孩子买个小蛋糕，上面写着"100天"，意思就是：我上幼儿园100天了，虽然遇到了新的老师、新的同学，跟家里的生活方式不一样，可是我要去适应！我在幼儿园度过了100天，已经成功闯过第一关了！到150天的时候，可以再庆祝一次……200天的时候，再庆祝一次……一般过了200天，这一年也就过去了。

这样做会让孩子觉得，每天面对不同的人，坚持去上课，本身就是一件很有成就的事情。通过一些小小的仪式、小小的鼓励，孩子觉得自己取得的是一个大成就。这样也能帮助孩子喜欢上幼儿园。

03

抵触学习写作业，怎么办？

要调动孩子的生命力，

一定要处理好三个关系：

一是妈妈和孩子的关系，

二是爸爸和孩子的关系，

三是爸爸和妈妈的关系。

孩子对学习不感兴趣，怎么办？

很多父母因为孩子不爱学习、不想写作业而感到非常烦恼。

有些孩子对学习根本没有兴趣，在家写作业需要父母陪在旁边，父母一催再催，孩子催一催动一动，磨磨蹭蹭。一旦被允许出去玩，孩子就会活蹦乱跳地跑出去。孩子对玩的兴趣，比对学习的兴趣大太多了！要是孩子能像爱玩一样爱学习，家长就轻松了。

教育学、心理学的相关研究表明，想让孩子爱学习，最好的方法就是把学习变得像游戏一样。不管孩子的天分如何，让学习变得有趣、好玩，孩子一定愿意主动学习。

那么父母能够做些什么呢？让孩子觉得学习有趣的方法之一，就是让孩子在生活中能够马上用到他所学的东西。比

如，对于孩子所学的数学知识，可以让孩子帮着做计算、测量长度、比较大小等。对于语文知识，可以让孩子背诵学过的诗，或者做角色扮演等。这样让孩子把所学的知识运用到生活中，能够提升孩子的学习兴趣和求知欲。

当然也有一些科目，孩子本身确实没有兴趣，甚至很排斥，但又必须学习并参加考试，怎样帮助孩子产生学习动力呢？方法就是，让孩子通过学习得到心理营养，继而推动孩子快乐学习。

很多父母曾有过这样的经历：自己上学时特别喜欢学习某个科目，而真正的原因是喜欢这个科目的授课老师。本来不怎么喜欢也没什么兴趣的科目，因为换了一个自己喜欢的老师，就会特别愿意学习，上课时会特别集中精神听讲，回家后会优先做这个老师布置的作业，这个科目的考试成绩也相对比较好。

这是什么道理呢？因为很喜欢这个科目的授课老师，把这个老师当成自己的重要他人，所以特别希望得到他的喜爱、肯定、称赞和重视。

父母是孩子的重要他人，也可以像孩子所喜欢的老

师一样，给孩子最重要的、最具决定性的影响。具体怎么做呢？

比如孩子不太喜欢写字，写字常常东倒西歪的。妈妈可以这样做：

妈妈可以在检查孩子作业时问孩子："在这一整页里，你觉得哪些字是写得比较好的？"

如果孩子不喜欢写字是因为总被批评，他会觉得自己写得不好："没有写得好的，写得都不好。"

妈妈就要坚持说："在这一整页字里，妈妈看到有些字写得比较好，来，告诉妈妈，你觉得哪个字写得比较好？"

孩子可能就会找到几个字，说："这几个字，我写得比较好。"

妈妈作为重要他人，要肯定、赞美、认同孩子："是的，这几个字确实写得比较好，你是怎么做到的呢？"

可能孩子会说："这几个字笔画少，所以写得比较好。"

妈妈可以接着肯定孩子："是的，当字的笔画比较少

时，你就能写好了。”

第二天，妈妈继续这样做，打开孩子的作业本，让孩子找一找，哪些字写得比较好。

妈妈可以再问：“为什么今天这几个字写得好呢？”

孩子可能会说：“可能因为笔画少，我就特别用心写了。”

妈妈可以说：“原来是这样，当你用心、专心时，字就写得更好了。”

后面几天还是这样做，每天都去发现孩子的优点，并且明确告诉孩子，比如：“妈妈看到了，所有的功课你都做完了，这很好，你是一个负责任的孩子。”“孩子，我看到你又进步了，今天做功课时你特别用心，你是个专注力很强的孩子。”“孩子，我发现你做功课越来越认真、越做越好了，你是个有能力自己把功课做好的孩子。”

孩子如果把父母当成自己的重要他人，那么父母对孩子的肯定、赞美、认同，就能够帮助孩子逐渐对学习充满动力。当孩子越做越好时，学习的兴趣就会被调动起来。

为了帮助孩子养成学习的好习惯，可以尝试让孩子在某个固定时段做功课，特别是孩子刚开始上学时，要养成定时做功课的习惯。

首先，父母在这个时间段尽量不去干扰孩子。当然也不要太过教条和僵化，因为习惯不是为了约束和控制孩子，而是为了帮助孩子，让他到了这个时间就能安静下来专注在功课上。

其次，这个时段也不要排得太满。要让孩子知道，如果能够早点把功课做完，那么剩下的时间他可以自由支配。如果父母看到孩子在玩，就想让他再做几道数学题、背背诗词、练练英语，一直唠叨到孩子上床睡觉，那么孩子是不愿意自动自发做完功课的，因为他会想：早早做完也没用，拖到睡觉时就不用多做那些追加的功课了。

总之，最好的学习习惯，一定是孩子自觉地学习，自主地安排。帮助孩子养成良好学习习惯的一个好方法，就是培养孩子的兴趣；对于孩子实在没有兴趣的功课，父母要通过肯定、赞美、认同，给孩子更多的动力；父母要帮助孩子固定一个时间段完成功课，特别是在孩子刚开始上学时。

孩子抵触上学写作业，怎么办？

一位妈妈说，孩子今年11岁，上五年级。孩子从一年级就非常抵触上学、写作业。这五年里，父母用尽各种方法去开导他，也打过他，为此非常痛苦疲惫……现在就连最有耐心的老师都想放弃他了。老师说：“班里发生任何事情，好像都和他有关，他的精力根本就没放在学习上，而是一直在关注其他的事情。”妈妈感觉，孩子很懒，不想努力和付出，总想投机取巧，所以失败总是伴随着他。

虽然这个孩子从一年级开始就不愿意上学，不愿意写作业，但是他真的不像妈妈所说的“很懒，不想努力和付出”，因为这不符合孩子的天性。

有些孩子看起来特别努力用功，有些孩子可能看起来不那么努力用功，但可以肯定的是，所有的孩子，都非常希望自己“人见人爱”“花见花开”。孩子把父母当作自己最重要的重要他人，就算只为父母都会努力一把，想要拿个好成绩，这是所有孩子共同的愿望。

但是，为什么案例中的孩子失去了学习动力呢？恐怕最主要的原因，是孩子的内在积累了太多情绪。这些情绪消耗了孩子太多生命力，以至于孩子已经没有动力把大脑用在学习上。

一个孩子会有这么多情绪，一般原因是他和重要他人的关系出了问题。

特别是一、二年级的孩子出现这种情况时，父母首先要做的并不是想方设法让孩子对学习有兴趣，而是把孩子原有的生命力调动起来。

要调动孩子的生命力，也就是调动孩子天性上最根本的动力，一定要处理好三个关系：一是妈妈和孩子的关系，二是爸爸和孩子的关系，三是爸爸和妈妈的关系。对于孩子来说，最重要的就是孩子和重要他人的关系。如果

孩子和重要他人的关系能够得到改善，那么孩子的情绪就不会那么多，想要追寻价值感的天性就会开花结果，生命力就能用在学习上了。因此，首先要处理好妈妈和孩子的关系。单单爱孩子是不够的，妈妈要有方法来帮助孩子。对于这样的孩子，越是打他、骂他、推他前进，越是没有用。

我的建议是，三件事情不要做，单单做一件，也就是补充心理营养。

三件事情不要做，是指哪三件事情呢?

第一，伤害孩子的自尊。任何伤害孩子自尊的话，比如“你很懒”“你最没用了”“你最糟糕了”，都不要说。

第二，让孩子感觉没有面子。比如说，孩子在学校经常被老师批评，那么妈妈就不要在老师的面前再批评孩子，也不要在任何人面前让孩子觉得没有面子。虽然孩子暂时达不到父母的要求，学习成绩确实不够好，但是不管别人怎么说，妈妈都要说：“我的孩子还没有准备好，我相信他总有一天能做到的。”绝对不要在任何人面前批评自己的孩子。尤其孩子11岁进入少年期后，非常敏感，

情绪极易爆发，非常危险。

第三，给孩子增加压力。妈妈不要因为自己很焦虑，就总是用语言威胁孩子，给孩子增加压力，迫使孩子改变。这样不仅没有效果，反而会伤害亲子关系。

三件事情不要做，只做一件事——补充心理营养。那么心理营养怎么补充呢？最容易的就是肯定、赞美、认同孩子。

首先，父母不要紧盯孩子的功课，应该转而关注其他方面——孩子无意间说了一些好话，做了一些好事，比如他拿一杯水给妈妈喝，帮爸爸把衣服放到洗衣机里，这时父母要肯定、赞美、认同他。从肯定、赞美、认同开始补充心理营养，一般来说非常有效。

当妈妈能够做到“不做三件事，只补充心理营养”时，就会看到：孩子跟妈妈的关系改变了。只有母子关系改变，孩子才会有希望把天性中的动力和生命力调动起来。

案例中的父母用了五年时间去改变孩子，既然打骂批评都没有效，那就证明没必要继续做下去，一定要尝试一些从来没有用过的方法，比如心理营养育儿法。

孩子写作业太慢，
依赖性强，
怎么办？

一位妈妈说，她的儿子今年读一年级，语文的拼音、写字等都掌握得不够好，成绩也不太好，偶尔还会不及格。因为不太会，所以孩子每天写作业速度都很慢，而且一定要大人陪着，依赖性比较强。妈妈说，她坚持给孩子足够的时间去学习，让孩子慢慢来，可是孩子的爸爸一看到分数低就会吼孩子，而且逼着孩子学到半夜才可以睡觉。夫妻俩因为教养方式不同，经常发生争吵，有时还会在孩子面前争吵。妈妈觉得这样孩子更可怜了，不知怎么办才好。

不要为了孩子的教育方式差异和伴侣吵架

如果在孩子的教育方式上持有不同意见，妈妈不要批评爸爸，更不要和爸爸争吵，要先把和爸爸的关系处理好，否则会激起爸爸更多的反对，这对夫妻关系、对家庭、对孩子都不好。妈妈可以用自己认为对的教育方法，同时不要太多干涉爸爸，只要孩子不会因为爸爸的教育方式受到很大伤害就好。比如，等到爸爸批评完了，妈妈再去安慰孩子；爸爸要求孩子必须做完功课，哪怕学到很晚，妈妈也要在孩子做完功课之后再去安慰孩子。但是爸爸看到成绩不好就打孩子，这是不行的，妈妈必须阻拦。

给孩子无条件的接纳，帮助孩子缓解压力

妈妈能做的，就是无条件接纳孩子。比如，安慰孩子时，妈妈可以这样说：“孩子，我看到了，你很不容易，很难过。但是我也看到你在坚持，如果你能够这样坚持下去，一定会一天比一天好，慢慢地你会越来越好。孩子，

妈妈永远都陪着你，你一定可以的。”这样做，就是在向孩子表达无条件的接纳——你写作业慢，我接纳你；你现在成绩不好，我也接纳你……我接纳你这个人，不会因为这些就不喜欢你、不爱你，我永远都爱你。在成长的路途中你可以一点一点地进步，妈妈相信你已经在努力了，妈妈愿意支持你。

理解孩子要求陪伴是需要力量的支持

妈妈认为，孩子写作业要大人陪，这是依赖性强的表现。其实对于一到三年级的孩子来说，功课比较繁重，这时确实需要妈妈在身边陪伴，这并不是依赖，而是需要一种力量支持。在陪伴过程中，孩子更多的是需要力量的支持，而不是家长的催促和教导。所以，对于速度比较慢的孩子，妈妈需要告诉他，不管做到多晚，妈妈都在旁边陪着他。如果孩子有不会的需要请教，可以随时来问妈妈，妈妈不要催孩子，更不要主动教孩子怎样做比较好。

首先，孩子能够把功课做完就可以。

孩子在固定的时间里尽量把功课做完就可以了，妈妈不要完美主义，要求多多。有的妈妈不仅让孩子把功课做完，还要求写字要美、画线要直，还要做得快、做得好……这样作业就会变成难以完成的任务。对于这么小的孩子来说，能把作业做完已经很不容易了，父母不能太心急，很多学习习惯是需要时间慢慢养成的。

其次，多多肯定、赞美、认同孩子。

妈妈陪在孩子旁边时，可以做点自己的事情，也可以时不时鼓励孩子，比如“嗯，今天做得比较快”“这里写得非常用心”，多多肯定、赞美、认同孩子。不要因为作业做得不好就批评孩子，也不要关注孩子字写得好不好、线画得直不直，更不要看到做得不好就让孩子擦掉重做。先要求孩子按时把作业做完，过段时间再逐渐提高要求，希望他把功课做得更好。

最后，用游戏增加孩子对功课的兴趣。

妈妈可以通过游戏，让孩子增加对功课的兴趣。比如，案例中的孩子才上一年级，有很多生字不认识，拼音也不懂，那就可以把认字、学拼音变成游戏。

妈妈可以把一些生字，最好是一个词或者一个短句，配上图打印出来，做成单面的卡片，每个词（或短句）做两张一模一样的卡片。每次不要做太多，比如一次只让孩子记五个短句，一共做十张卡片。

首先，带词句的那面朝下摆在桌子上。由孩子翻开一张卡片，如果他能认得并且读出卡片上的词句（比如“春眠不觉晓”），就算赢得一分。然后把这张翻开的卡片依旧背面朝上，放回原来的位置。

接着，让孩子翻开其他卡片。如果孩子翻到另一张写有“春眠不觉晓”的卡片，能够凭记忆把前一张“春眠不觉晓”的卡片找出来配对，就又赢得一分。

然后，如果把这两张卡片都收起来，孩子能够把“春眠不觉晓”写出来，那么赢的分数翻倍。

最后，和孩子一起，把分数记录在一个固定的地方，最好是大大的可以挂在墙上的纸张。分数可以累计并兑换小礼物，比如10分可以兑换A礼物，20分可以兑换B礼物，30分可以兑换C礼物。这些小礼物可以是好吃的、好玩的，甚至可以是支配爸爸妈妈的时间，总之一定是孩子

喜欢的。要由孩子自己决定是否用分数兑换小礼物。

游戏时要注意一个原则，就是“只赏不罚”。要鼓励孩子得分，比如能够讲出来，就可以拿到分数；能靠记忆配对，也能够拿到分数；能够默写出来，分数可以翻倍。如果孩子没做到，不会减分数。

用这类方法，可以帮助孩子增加学习兴趣。爸爸妈妈掌握原则后，可以发明更多这样的小游戏来帮助孩子。

总结一下

需要妈妈注意的几点：

第一，不管爸爸的教育方式怎样，不要为此跟他争吵，而要注意改善夫妻关系；

第二，对于做事速度比较慢的孩子，妈妈要做到无条件接纳；

第三，要理解孩子让妈妈陪在身边，并不是依赖，而是想得到支持力量；

第四，作为孩子的重要他人，妈妈要用肯定、赞美、认同来鼓励孩子；

最后，可以尝试使用能让孩子增加学习兴趣的游戏或方法，帮助孩子进步。

孩子缺乏学习热情和动力，怎么办？

有一位妈妈说，她理解肯定、认可孩子做得好的地方能激发孩子的自主力和学习热情，那对于明显做得不好的地方，应该怎么对待呢，是直接指出不足，还是尽量委婉地鼓励？再比如练钢琴，在技术练习阶段确实比较枯燥，如何有效地呵护孩子的学习热情呢？

孩子确实做得不好或者状态不好时，父母要怎样对待？

什么叫“无条件接纳”？难道孩子不对，父母也不出

声吗？孩子确实做错了，父母也什么都不说吗？这样是不是太溺爱孩子了呢？

其实，“无条件接纳”和“溺爱”，完全是两个不同的概念。

孩子总会有一些地方是不足的，甚至是完全错误的，比如考试不及格，想要考到某个名次却考不到。“无条件接纳”就是指当孩子有类似这样的失败、不足时，依然告诉孩子：“就算你现在做得不好或者失败了，妈妈也还是接纳你，因为你这个人并不由这件事情来定义，你的行为、成绩都不能代表你本身，更不能代表你整个人，所以就算你失败了或者没有达到我的期待，我依然接纳你。”

无条件接纳，绝不是一些父母所想的那样：孩子做错了，我们假装他是对的，给他找很多理由，或者说“做错也没关系”。比如孩子把别人打伤了，可以坦诚地跟孩子说“这样做是错的，妈妈认为你这样做非常不应该，但妈妈依然是爱你的”。

溺爱是什么呢？是父母明知道孩子是错的，却不去阻止孩子。明知道孩子这样做，在道德或行为上不恰当、不

适合，父母依然笑嘻嘻或者默许纵容孩子的行为。孩子做了以后不让他自己负责，由父母为他想办法解决，虽然口头上说“别做了”，事实上从来不去阻止孩子，不让孩子知道这样做是错的。

举个简单的例子。有一次我在公共洗手间里看到一个小女孩，四五岁的样子，她把洗手间里的卫生纸不断往外拉，拉出来就丢着玩。她的妈妈就在旁边，只是简单说“别这样了”，却不阻止。她潜意识里并不想阻止孩子，也没有让孩子知道这样的行为是不对的。结果孩子就把整卷卫生纸全部拉出来玩了。这绝对不叫“无条件接纳”。

因此，溺爱和无条件接纳是完全不同的。无条件接纳，是清楚地让孩子知道：这样做是错的，我不想你这样做，但是你可以改进，妈妈相信你，也不会因此就不再爱你。

所谓接纳，是孩子做错了，或达不到某些重要期待，妈妈还是接纳他；接纳的同时教导他，而不是停在原处。

关于钢琴的技术练习，可以想办法把枯燥的事情变成有趣的事情。学钢琴跟无条件接纳没有关系。

举个例子。在钢琴弹奏技术里，有一项是孩子常常要练的——staccato（断奏）。孩子重复练习这项技术时会觉得非常沉闷。那么可以想象一个画面，比如碰到一个热得发烫的熨斗，手马上就会弹开，这就是staccato的感觉。让孩子去尝试，就像在玩熨斗一样，手碰到键盘就弹上来，这样练琴时就会有兴趣了。

父母要发挥想象力，尝试把孩子练习的各种技能变成一个画面、一个故事、一个游戏——最重要的是变得有趣，孩子练习时就不会觉得枯燥了。

孩子写作业时注意力不集中，怎么办？

有一位妈妈，儿子今年13岁，医生曾经诊断他是多动症。妈妈说，儿子注意力很难集中，动作也慢，每天晚上作业都要写到十点钟，所以睡眠也不足。孩子的语文作业能够自己完成，但数学作业根本没法独立完成，必须让家长陪着写，而且不管妈妈怎么讲解，他都难以理解。如果妈妈不管孩子的作业，孩子一个小时都做不出几道题，而且大部分数学题都不会做。

有不少家长提到注意力的问题，说孩子注意力不集中，上课不注意听讲，写作业也容易分心，甚至有的家长认为自己的孩子是多动症。我见过很多被诊断为多动症的

孩子，实际上他们真不是多动症，简单来说，还没有达到疾病的程度。

这些孩子一般在性格上比较外向，从小就很活泼，喜欢跳来跳去。孩子的父母性格可能比较内向，也容易焦虑，所以这些内向焦虑的父母看到外向活泼的孩子时就会觉得头疼，很想让孩子安静下来，如果没有办法让孩子安静下来，就会认为孩子多动。当父母把孩子带到医院诊断时，医生可能就会认为孩子有多动症。实际上，孩子可能只是性格比较外向、活泼好动而已。

如果孩子确实动得特别厉害，还有一种可能，是因为这个外向的孩子内在有很多情绪，而所有的情绪都会产生能量，孩子没办法或者不懂得如何把这种能量释放出来。这种情况就需要父母帮助孩子把情绪的能量释放出来。

怎么做呢？有两个基本的方法。

一种方法是陪孩子多玩一些消耗体能的游戏，比如喊、叫、跳、跑，都能帮助孩子把内在的情绪能量转化和舒放出来，这样孩子在读书、做作业时就容易集中注意力了。另一种方法就是倾听孩子说话。外向的孩子相对喜欢

说话，可以让他讲故事给你听，或者把他经历的事情告诉你。孩子能够用语言去表达他的情绪、故事，多动的行为就会减少。总之，孩子内在的情绪能量通过语言文字、动作游戏等释放出来时，孩子就可以集中注意力去学习了。

案例中的妈妈还提到，自己怎么讲解都无法让孩子理解数学题。其实，孩子并非缺乏学习的能力，因为他的语文作业是能独立完成的，如果真的缺乏学习能力，那他应该所有功课都没法学好。父母应该怎样帮助孩子呢？

首先，要让孩子知道，他是具备学习能力的，只是对于数学需要找到入门的方法，可能要多用心、多做一点。

其次，妈妈认为自己怎么讲解孩子都理解不了，说明妈妈可能没有找到适合孩子的教导方法。建议妈妈去找懂得数学教学的老师，用更多时间来慢慢教导孩子。因为如果妈妈不知道怎么教还非要自己去教，可能孩子和妈妈都会产生情绪上的问题。而那些有经验的数学老师更有耐心，也更善于找到适合孩子的教导方法。妈妈要做的，就是多多肯定、赞美、认同孩子，哪怕孩子取得一点进步，也要明确告诉孩子："妈妈看到了，你在进步，你是有能力进步的。"

最后，让孩子把更多的精力和时间用在本来就不错的语文课上，这样孩子能获得更多的肯定、赞美、认同，获得更多成就感，从而增加对学习的兴趣。

Q4

痴迷电子产品，怎么办？

在孩子成长过程中，

培养他的阅读兴趣，

从阅读中寻找乐趣，

这对孩子的一生都会有很大帮助。

孩子看电视、玩 iPad 上瘾，怎么办？

有一个妈妈说，她的孩子才两岁，看动画片就已经上瘾了；还有一个妈妈，儿子4岁了，对iPad非常着迷，以致影响上幼儿园、吃饭、睡觉。怎么办？

在这两个例子里，孩子年龄还非常小，下面举一个更有代表性的大孩子的例子。

有一位妈妈，孩子17岁，迷上了飙车，每个周末孩子都会和六七个朋友去高速公路上飙车。可想而知，这位妈妈有多害怕，多担心。她问我怎样才能让孩子不再飙车。我就问她："孩子飙车开的这辆车，是谁买给他的？"一辆能够用来飙车的车，通常价值不菲，还需要经过特别改造，一个

17岁的孩子是没有能力买这种车的，所以肯定是家长掏钱买给孩子的。这位妈妈就说：“我也没有办法呀，如果我不给孩子买，孩子就说我不爱他，就要离家出走……”我对她说：“如果明知道孩子买这辆车会去飙车，你还买给他，然后问怎样让孩子不去飙车，那真是没有办法。让孩子不去飙车，最直接的就是断然拒绝，不管他怎么说，就是不给他买车。”

通过这个例子，父母应该知道怎么办了。孩子两岁、四岁时，如果不想让他玩iPad，不想让他看电视，父母是完全可以做到的，关键在于能否坚持原则。父母不买iPad，那么孩子压根不会要求玩iPad；就算他看到别人玩也想要玩，父母可以告诉他，在咱们家玩这个是不合适的。父母如果没有原则，主动买iPad给孩子玩，然后又希望这么小的孩子具备自我控制的能力，根本就是自相矛盾的。

对于0~6岁的孩子，建议父母不要买iPad给孩子玩，

最好也不要让孩子看电视，除非是特别适合孩子的很好的电视节目，并且占用很少很少的时间。但iPad是绝对不要买的。

对于7~12岁的孩子，可以适当允许孩子看电视，尤其是对孩子来讲比较欢乐的一些电视节目。由于电视节目的时间是相对固定的，一般不会超过一个小时，不会上瘾，所以能够作为一种放松的方式。一方面，父母既要注意时长的控制，又要有温和而坚定的态度；另一方面，不要买iPad给孩子。iPad里有很多游戏，都是根据孩子的心理需求和兴趣爱好来设计的，能够刺激感官，让孩子获得成就感，释放自己的情绪。如果买了iPad给孩子玩，孩子一定会被iPad吸引然后上瘾的。特别是那些心理营养不足的孩子，更容易被吸引上瘾，因为他能够从中获得价值感。孩子在12岁之前，没有能力抗拒电子游戏的诱惑，父母不要指望把一个容易上瘾的东西交给孩子，然后让孩子懂得自我控制、管理自己的时间。

当我们关上一扇窗，告诉孩子不能做什么时，还要给孩子打开另一扇门，引导孩子可以做什么。孩子在0~12岁时，肯定是需要玩耍的。玩耍对于孩子来说是非常正

常而合理的舒放情绪的方式，父母需要给孩子这样一个渠道。那么应该怎么做呢？

第一，给孩子一个时间段专门用来玩游戏，而且尽量玩有创造性的游戏。这跟看电视、玩iPad不同，电视、iPad的娱乐是比较被动的，而在现实中玩游戏，孩子可以发挥自己的创造性，更符合孩子的需求和天性，比如乐高积木。可以提供机会，让孩子跟父母或者其他小朋友一起，玩一些有创造性的游戏，其吸引力是能够超过iPad和电视的。

第二，在孩子慢慢长大的过程中，培养孩子各种各样的兴趣爱好（当然，不能是强加给孩子的）。父母可以细心观察，对于音乐、美术、体育、下棋等，孩子在哪些方面是比较有兴趣、有天分的。如果孩子能够把空闲时间花在兴趣爱好上，那么iPad、电视对孩子的吸引力就会减少。

第三，可以培养孩子讲故事的兴趣。比如，可以和孩子玩接龙游戏。父母讲一句，孩子讲一句，把孩子已经熟悉的故事完整讲完。还可以发挥想象力，孩子讲一句，父母讲一句，由孩子创作一个新的故事，以此来培养孩子创作故事的兴趣和能力。同时，在孩子成长过程中，培养他

的阅读兴趣，从阅读中寻找乐趣，这对孩子的一生都会有很大的帮助。

父母不能只是告诉孩子，你不可以做这个，你不可以做那个，而从来不从孩子的角度去想，作为一个孩子，一定是需要玩耍的。如果父母能够提供更多有创造性的游戏机会，那么孩子就不会对电视、iPad上瘾了。

总结一下

怎样让孩子不对看电视、玩 iPad 上瘾呢？首先要做的就是坚持。在孩子很小的时候，特别是6岁之前，不要让孩子看电视，也不要买 iPad 给孩子玩。孩子7~12 岁时可以看电视，但是不要买 iPad 给孩子玩，可以给孩子其他更好的游戏方式来解决想玩 iPad 的问题。要注重发展孩子的兴趣爱好，这对孩子一生都有很大的帮助。具体的方法包括：

第一，在每天一个固定的时间，保证让孩子能够玩游戏，可以玩各种各样的玩具，尤其是乐高积木等可以发挥想象力和创造性的玩具；也可以用生活中随手可得的材料，比如纸盒子、纸张、叶子、被单等，与孩子一起做手工。创造性的游戏，更能满足孩子的天性，给孩子更多乐趣。

第二，观察孩子的天赋在哪方面，有意识地去培养孩子的天分，将其发展为孩子的兴趣爱好。

第三，培养孩子讲故事的兴趣和能力，通过接龙游戏和他一起创作新的故事，有意识地把孩子的兴趣爱好引到健康且充满乐趣和创造的道路上来。

孩子不遵守约定的时间，怎么办？

有一位家长，三岁的女儿会在一些不合理要求没有得到满足的时候，号啕大哭。比如，看电视已经很久了，还要继续看，虽然之前已经约定了看电视的时间，但是此刻却说话不算话，无论父母说什么她都装作听不见，只是扯着嗓子大哭，不断重复自己的要求，父母也无法转移她的注意力。这种情况该怎么办呢？

父母可能会觉得，孩子花在看电视上的时间太久了，要约束孩子看电视的时间。当然，可以跟孩子约定一个时间，只是不要以为提前约好了时间，孩子就能遵守约定。和三岁的孩子约定时间，基本上没有什么意义，因为这么

小的孩子还没有时间概念。同时，她很想得到自己想要的东西，所以，即便父母跟她约定了时间，她不遵守，也是很正常的事。此时不要评价孩子，给她贴上“说话不算数”的标签。

但是要让孩子知道一件事情——号啕大哭或撒泼耍赖是没有用的。如果能让孩子明白这一点，孩子就不会用这种方式来跟父母提要求了。孩子之所以用哭闹的方式来得到自己想要的东西，大多是父母造成的——孩子早就发现，如果父母不答应她的要求，她只要用这个方法，就可以如愿以偿。

因此，父母一定要学会态度温和而坚持。

当孩子大哭甚至撒泼打滚要求继续看电视时，父母可以温和地说：“孩子，今天肯定不能再看电视了，你只能看到这里。”此时不用讲太多道理。三岁的孩子这样大发脾气时，跟她讲道理，压根没有意义。只要告诉她不能继续看就可以了，声音要坚定，语气一定要温和，不要去讲一大堆道理，也不要用很凶的语气。就这样简单而有力地告诉她：“孩子，今天看电视很久了，不能再看了。妈妈知道你的心情不好，那你自己待一会儿，等你心情平复

了，妈妈就来抱你。”然后最好抱她一下，就把她放下，表达“妈妈还是爱你的”。

然后妈妈就走远一点。为什么要走远一点呢？因为三岁的孩子如果发现自己哭却没有人注意，就会慢慢安静下来；如果发现自己的哭闹能够影响妈妈的情绪，肯定会继续哭闹。所以妈妈不要待在能被孩子哭闹影响的范围里，离得远一点，至少走到两米以外。当然，也不要到完全看不到孩子的地方去，要让孩子处于妈妈的视线范围内。

等孩子渐渐安静下来，就可以靠近她，然后抱她一下。很多时候，孩子会再次哭起来，妈妈靠近她要抱她时，她会挣扎着不让抱。这时再次告诉她：“孩子，我知道不让你看电视，你心情不好，那你自己安静会儿，处理一下自己的情绪，等你安静了妈妈再过来。”然后，再次离开到两米之外……一次又一次地重复这个过程，直到孩子真正地彻底平静下来。

在这个过程中，最重要的，就是父母要保持心平气和。父母是心平气和的，孩子就会发现：原来我的哭闹、打滚都是没用的。除了让孩子知道大哭大闹是没有用的，还可以告诉孩子应该怎么做。比如，可以说：

“孩子，如果你能够好好跟妈妈说话，告诉妈妈你的想法和需求，我们可以来商量解决办法。”父母通过温和而坚定的做法，可以教导孩子学会与父母有效沟通的方法，而不是一味哭闹。

玩手机被制止时发脾气，怎么办？

有一位家长，儿子今年六岁，上幼儿园中班。她说凡是儿子喜欢做的事情，比如看电视、玩手机等，一旦家长制止他玩，儿子立马就会发火哭闹，还会打人踢人。对此，妈妈和儿子谈过不止一次，也进行过共情。在儿子情绪稳定的时候，妈妈明确和他说过，不喜欢他打人踢人的行为，要是生气想发泄可以打枕头之类的。儿子当时也答应改正了，可是一发起脾气就不管不顾，照旧发火哭闹、打人踢人。妈妈非常苦恼，感到很挫败。该怎么办呢？

我想对这位妈妈说，看上去儿子好像是迷上了看电视、玩手机，实际上不仅仅是看电视、玩手机的问题，只

是比较明显地出现在看电视、玩手机这件事情上。

孩子喜欢做一件事情，一旦家长制止，孩子就发火哭闹甚至打人踢人，实际上是因为这个孩子内心有很多情绪。虽然只有六岁，但他的负面情绪已经积聚了很多，所以遇到特别喜欢的东西时，孩子内在反抗的力量就会特别强，之前一直储藏着的情绪这时就突然爆发了。

从孩子的行为方式来看，我们有理由相信，他之所以会有这么多情绪，是因为他觉得自己缺乏自主权。你可能会问：六岁的孩子就需要自主权吗？当然需要。其实孩子从两岁开始，独立自主的那朵金花就想要开放了。随着年龄慢慢增长，孩子的自我意识越来越强，是需要拥有一些自主权的。

特别是那些有领袖气质或者比较外向的孩子，在下面三种情况下是很容易情绪爆发的。

第一，为了对抗非常强势的父母。

共情，对这类孩子来说，可能还是一种强势的方法。这里所说的“强势”，指的是父母要求孩子完全听从父母的话，在孩子不听话的时候，会指责、恐吓甚至打骂孩子。

一般在生活的细节上，孩子是不太敢反抗的，但是在遇到自己真正喜欢的事情时，孩子积聚的情绪就会爆发，会用大哭大闹甚至打人踢人的方式，来对抗父母的强势。其实这个时候，孩子压根就不管父母说的是什么，他就是在跟父母对抗——你不愿意，我就偏偏要做；你不喜欢，我就一定要做。最主要的原因就是孩子觉得自己被控制得太厉害了。

第二，为了对抗包办一切的父母。

如果父母什么事情都代替孩子做，包办了孩子生活起居等各方面，什么都不让孩子自己动手，那么孩子内在想要独立自主的愿望，也会迫使孩子去对抗父母。尤其是比较外向的、有领袖气质的孩子，面对包办一切的父母时，会在自己很喜欢的事情上，对父母表现出非常激烈的、看似逆反的行为。

第三，为了应对太过焦虑的父母。

父母焦虑，其实是因为有很多担心。父母一旦焦虑，就会用各种各样的语言和控制方法，比如唠叨、贬低孩子，或者为孩子做很多安排，把焦虑发泄给孩子，从而让

自己不会那么担心。面对焦虑的父母，孩子内心很快就能累积一些负面情绪，在遇到自己在乎的事情，比如看很喜欢的电视节目被制止时，这些情绪就要爆发。

当孩子因为父母不同意他做自己喜欢的事情，而出现很严重的偏差行为，比如打人、骂人、在地上撒泼打滚时，真正的原因并不是他对手机、iPad、电视上瘾，而是在用这种方式对抗父母对他的过度控制。

所以，真正能够让孩子心平气和地听父母的话，并不是因为父母的道理讲得好，而是因为父母和孩子的关系好。比如孩子很喜欢看电视但父母不同意，如果和父母的关系比较好，孩子还是愿意听父母的话。和父母的良好关系，能带给孩子所需要的心理营养，能够给孩子更好地进行自我控制的力量。

因此，表面上很多会上瘾的行为，比如沉溺于看电视、玩iPad而无法自拔，并不是孩子的意志力不强——虽然有些孩子确实是因为年龄小而没有办法控制自己，但更本质的原因是孩子跟父母的关系出了问题。孩子有过多情绪的时候，特别容易迷上电视、iPad，因为能够通过看电视、玩iPad放松自己的情绪。

孩子总是玩手机而导致成绩下滑，怎么办？

有一位妈妈，孩子今年11岁。一直以来她都觉得自己的孩子很听话、很聪明，学习一点就通，字也写得工整。刚转到现在的学校时，孩子的学习曾一度名列前茅。妈妈因为工作忙，顾不上管孩子，现在孩子的成绩一直在下滑，字也写得越来越潦草。更不能忍受的是，孩子竟然会偷拿零钱花，脾气也越来越暴躁，一玩手机就不离手，还会撒谎。这时妈妈觉得事态已经很严重了，想让孩子端正学习态度和做人态度，有时甚至打骂孩子。可是没什么成效，孩子还是我行我素。

关于这个案例，我们一起来思考三个问题。

这位妈妈的教育方法为什么无效？

当孩子出现这些问题时，妈妈的教育方法，先是讲道理，然后是指责——你学习的态度不对，你做人的态度不对……后来觉得还是没有效果，就打骂孩子。对本来很乖、能照顾好自己的孩子，妈妈这样做的结果，只会是越来越糟糕。如果再次加强——比如讲更多的道理，或者骂得更加恶毒，打得更加厉害，孩子就会不玩手机、不偷钱、不撒谎，非常自觉地去努力学习吗？

其实讲道理、打骂这些方法，一般来说，对孩子是没有效果的。孩子不懂道理吗？不要说11岁的孩子，即使是很小的孩子，都有寻求价值感和寻求肯定、赞美、认同的天性。就像案例中的这个孩子，原来很听话、很聪明，学习态度也很认真，如果他不懂道理，原来就不会如此。

我想告诉妈妈的是，停止这些没用的方法吧！

如果一个方法是有效的，那就继续用下去，因为它有效。但是如果一个看似很好的方法，对孩子一点效果都没有，那么并不是因为孩子有问题，而是父母的教育方法本

身有问题。一些父母不去反思自己的教育方法，只会用自己习惯用、觉得最方便或者自认为一定有用的方法，而这些方法往往没有效果，甚至会适得其反。

那么怎样找到有用的方法呢？一定要去了解，一个原本能把自己照顾得很好、学习自觉、成绩不错的孩子，为什么会出现这么多的偏差行为呢？

偏差行为本身是非常奇怪的，因为它不是孩子天性中必然出现的，如果孩子的天性能够自然发展，根本就不会出现偏差行为。是孩子不想和父母有良好的亲子关系吗？肯定不是的。这个孩子和妈妈的关系越来越糟糕，在学校和老师以及其他同学的关系可能也是越来越糟糕的。

父母想知道孩子为什么会变成这样，如果仅仅把注意力放在孩子玩手机上，那就错了。父母常常以为，孩子是因为爱玩手机才变成这样的。事实并非如此。玩手机其实是“果”，而不是“因”。玩手机玩到沉迷，用玩手机来对抗妈妈，这是一个结果——因为有些事情发生了，孩子才会迷上手机，而不是因为迷上了手机，孩子才变成这样。

这个孩子为什么处于这种状态?

此案例中，这个孩子是因为遇到了什么情况才处于这种状态的呢?

我们需要关注的第二点，就是这个孩子今年11岁了。孩子11岁时，已经从儿童变成了少年，身体有很多变化，第二性征也开始发展。孩子身体的激素正忙着处理身体上的发展，没有那么多精力去关照自己的情绪，所以孩子会变得敏感、情绪容易失控，需要家人更多去关注和帮助他处理内在的情绪。

这个时候，妈妈应该注意的是，孩子是否懂得情绪管理，有情绪的时候是否有可倾诉的对象。而此案例中，这位妈妈恰好工作很忙，没有过多地关注孩子，觉得孩子成绩好，人品也不错，字也写得工整，这样就可以了。

这个孩子除了缺乏家人的关注，还遇到另外一个大问题，就是他换了学校，可能面临在新学校的适应问题。比如，作为插班生，他是否遇到了人际关系上的困难，而妈妈不知道呢?

所以父母要去关注，孩子究竟遇到什么事情才会变

成这样。要相信，孩子很想和以前一样，把所有事情都做好，现在他做不到，一定是发生什么事情了。

如何纠正孩子的这些偏差行为？

如果妈妈不关心孩子本身，只关心他的成绩，可能就会出问题。

从这个案例来看，这个孩子是在用各种偏差行为，来表达内在的需求——他需要得到更多的关注，而关注是需要耗费时间和精力的，所以妈妈需要做的，是用更多的时间去关注这个孩子，而不是把所有时间都忙于工作。

父母至少在下班以后，要把时间留给孩子，看着孩子做功课，坐在孩子旁边陪他聊天，多花一点时间去了解孩子遇到了什么人、什么事，关心孩子这个人，并且给他肯定、赞美、认同，而不是一直盯着他的问题。尽量通过陪伴、关怀、肯定，让孩子知道他可以非常安全地跟父母谈任何事情。一般来说，孩子觉得有安全感，跟父母敞开心扉的时候，这些问题就有办法处理了。

孩子只想玩 iPad，
不想上学，
怎么办？

一位妈妈说，她的孩子14岁，喜欢边做作业边玩iPad，或者不做作业只玩iPad，甚至为了玩iPad都不想去上学了。对于这样的孩子，如何做到无条件接纳？

什么是“无条件接纳”？

什么是“无条件接纳”？无条件接纳，并不是说孩子有什么行为，父母都纵容他——那叫“溺爱”。无条件接纳，是指在孩子犯错或者达不到父母的期望时，或者父母

觉得孩子的行为不恰当时，对孩子这个人还是一样接纳，一样爱他。

父母不能做的三件事：第一，不断地批评孩子的人格；第二，伤害孩子的自尊，让他没有面子；第三，用言语羞辱孩子。实际上，很多父母和孩子的沟通，常常是在批评、伤害、羞辱孩子，而且父母常常会因为自己的很多焦虑，而一直想要去控制孩子。

当孩子犯错或者达不到父母期望的时候，父母对孩子要表达的应该是：无论如何，我们一定是支持你的；我们支持的是你这个人，而不是你的行为。这才叫作“无条件接纳”。

孩子想从这些能上瘾的事情里得到什么？

明确了“无条件接纳”的概念，我们再来分析这个案例。孩子迷上iPad，不愿意做作业，不愿意上学，那么他想要从玩iPad的过程中得到什么？想一想：孩子为什么会对大家都非常反对、孩子自己也知道对自己没什么好处的

东西上瘾？孩子想要从中得到什么呢？

前面提到过一个飙车的案例——一个17岁的孩子迷上飙车。飙车是一项很危险的活动，为什么孩子会对飙车上瘾呢？还有更严重的，是有些孩子会迷上毒品。每个人都知道，吸毒会毁了人的一生。那孩子为什么还会吸毒上瘾？另外，还有孩子赌博上瘾。飙车、吸毒、赌博……人人都知道这是没什么好处，甚至对自己有严重危害的事情，可是为什么还会有那么多孩子上瘾呢？

其实就是因为，这些能上瘾的事情，能带给孩子他所缺乏的东西。孩子最想从中得到的是什么？存在感。

所有能让人上瘾的东西，一定是能够刺激感官的。一个孩子不断地刺激感官，不断地寻求更多的刺激，其实就是想要证明自己的存在，他们需要感觉到自己是真实地活在这个世界上。

也许你会问：真实地活这个世界上，还需要证明吗？我们的存在，不是理所当然的吗？——那你就错了。孩子的天性里有一朵价值感的金花想要开放。这朵金花要盛开，需要父母对孩子的肯定。从儿童期一直到少年期，心

理营养富足的孩子，价值感金花才会顺利开放。

当父母或者重要他人，越是肯定、赞美、认同孩子，孩子的价值感就会越充足。简单来说，价值感获得满足的孩子，是不太容易上瘾的。即使他非常喜欢，但是因为能够从父母那里得到想要的价值感，所以他会去“讨好”父母，比较容易听从父母的话。这样的孩子，面对各种各样能够刺激感官的东西，比如iPad、手机、电视机，乃至飙车、赌博、毒品等诱惑，都有一定的抗拒能力。

假如这个孩子，从他的重要他人——通常是他的父母那里，很难得到肯定、赞美、认同，得不到自我价值感的满足，就会转而通过感官刺激去寻求最低层次的存在感，于是会无法自控地上瘾，从这种感觉里确认一件事情：我是存在的，我是活着的，我的生命是有意义的。

感官刺激，和一个人的价值感、存在感息息相关。

所以，如果父母只是想要让孩子停止玩iPad，把iPad藏起来，孩子确实没法玩了，但这样做是没有用的，因为孩子转身就会迷上其他东西。

网上曾有个新闻，一个孩子，当他的手机被父母扔下

楼时，他跟着就从楼上跳下去了。为什么会到这样的地步呢？首要的原因，就是这个孩子觉得自己没有什么价值，如果不让他玩手机，他觉得自己一点价值都没有了。这样的悲剧，一定和他的重要他人有很大关系。

年龄比较小的孩子容易迷上iPad，因为年龄实在太小了，还无法分辨是非，他会发现iPad、电视给他带来的快乐，或者说感官刺激是最大的，而他自我控制的能力又不够，所以会一直想玩。这时他寻求的就是简单的感官刺激，还没有涉及价值感的问题。

很多孩子到了中学时会更加迷恋这些东西，可能是因为孩子觉得找不到自我价值感。这个年龄段是人非常渴求价值感的阶段。

所以，我想呼吁所有的父母，如果希望孩子能够拒绝那些容易上瘾的东西，首先一定要在日常生活中多给孩子肯定、赞美、认同，从而让孩子认识自己，找到自我价值感。否则会导致孩子缺乏心理营养，特别容易对某些事物上瘾。

图书在版编目（CIP）数据

与渴望联结：全7册 /（马来）林文采著. --北京：北京联合出版公司，2020.3
ISBN 978-7-5596-3514-3

Ⅰ．①与… Ⅱ．①林… Ⅲ．①儿童教育—家庭教育 Ⅳ．① G782

中国版本图书馆 CIP 数据核字（2019）第 174418 号

北京市版权局著作权合同登记　图字：01-2020-0871

与渴望联结：全 7 册

作　　者：〔马来西亚〕林文采
选题策划：木晷文化
策划编辑：朱　笛
责任编辑：牛炜征
特约编辑：师丽媛
营销编辑：金　颖　黄思维
封面设计：思绪设计

北京联合出版公司出版
（北京市西城区德外大街 83 号楼 9 层　100088）
河北鹏润印刷有限公司印刷　　新华书店经销
字数 432 千字　　700 毫米 ×980 毫米　　1/32　　30 印张
2020 年 3 月第 1 版　　2020 年 3 月第 1 次印刷
ISBN 978-7-5596-3514-3
定价：138.00 元（全 7 册）

③

与渴望联结

〔马来西亚〕林文采 著

北京联合出版公司
Beijing United Publishing Co.,Ltd.